美国小学主流科学教材

【美】杰伊·哈克特 等 著
STEM未来计划编写组 译

STEM 2

Science, Engineering and Technology

浙江教育出版社·杭州

STEM单元

培养未来领导者的新课程……

科学、工程、技术单元

为学习《新一代科学教育标准》做准备

以STEM为核心的单元模式提供了将科学理念与工程原理相结合的体验

什么是STEM单元：

- 独立的单元能吸引、鼓励学生围绕科学主题进行探究。
- 互动式、可书写的问答形式为学生构建个性化的学习过程。
- “学习指南”在加深学习印象的同时，使学习过程变得更有趣。

为什么要学习STEM：

- STEM能轻松地融合到任何已有的课程中。
- 培养学生合作、交流和批判性思考等21世纪必备能力。
- 理论联系实际，利用课堂中习得的知识解决实际生活中的问题。

本书特色：

通过一系列简单、易操作的活动引导学生参与相关的探究式学习。

Program Authors

Dr. Jay K. Hackett
Professor Emeritus of Earth Sciences
University of Northern Colorado
Greeley, CO

Dr. Richard H. Moyer
Professor of Science Education and Natural Sciences
University of Michigan-Dearborn
Dearborn, MI

Dr. JoAnne Vasquez
Elementary Science Education Consultant
NSTA Past President
Member, National Science Board and NASA Education Board

Mulugheta Teferi, M.A.
Principal, Gateway Middle School
Center of Math, Science, and Technology
St. Louis Public Schools
St. Louis, MO

Dinah Zike, M.Ed.
Dinah Might Adventures LP
San Antonio, TX

Kathryn LeRoy, M.S.
Chief Officer
Curriculum Services
Duval County Schools, FL

Dr. Dorothy J. T. Terman
Science Curriculum Development Consultant
Former K-12 Science and Mathematics Coordinator
Irvine Unified School District, CA
Irvine, CA

Dr. Gerald F. Wheeler
Executive Director
National Science Teachers Association

Bank Street College of Education
New York, NY

Contributing Authors

Dr. Sally Ride
Sally Ride Science
San Diego, CA

Lucille Villegas Barrera, M.Ed.
Elementary Science Supervisor
Houston Independent School District
Houston, TX

American Museum of Natural History
New York, NY

Contributing Writer

Ellen C. Grace, M.S.
Consultant
Albuquerque, NM

Students with print disabilities may be eligible to obtain an accessible, audio version of the pupil edition of this textbook.
Please call Recording for the Blind & Dyslexic at 1-800-221-4792 for complete information.

connectED.mcgraw-hill.com

STEM McGraw-Hill is committed to providing instructional materials in Science, Technology, Engineering, and Mathematics (STEM) that give all students a solid foundation, one that prepares them for college and careers in the 21st century.

FOLDABLES® is a trademark of The McGraw-Hill Companies, Inc.

Send all inquiries to:
McGraw-Hill Education
8787 Orion Place
Columbus, OH 43240

ISBN: 978-0-02-143812-9
MHID: 0-02-143812-9

Printed in the United States of America.

3 4 5 6 7 8 9 RMN 20 19 18 17 16 15

Content Consultants

Editorial Advisory

AMERICAN MUSEUM & NATURAL HISTORY

The American Museum of Natural History in New York City is one of the world's preeminent scientific, educational, and cultural institutions, with a global mission to explore and interpret human cultures and the natural world through scientific research, education, and exhibitions. Each year the Museum welcomes around 4 million visitors, including 500,000 schoolchildren in organized field trips. It provides professional development activities for thousands of teachers; hundreds of public programs that serve audiences ranging from preschoolers to seniors; and an array of learning and teaching resources for use in homes, schools, and community-based settings. Visit www.amnh.org for online resources.

译 序

一部好教材欲保持其生命力的重要举措就是要不断地与时俱进，要随着社会的变迁、学术的进步不断地吐故纳新。浙江教育出版社引进出版的《科学启蒙(第二版)》就是这样的一部好教材。

比较这套教材的两个版本，不难发现，第一版显然依据的是1996年美国颁布的科学教育标准。1996年的科学教育标准有三个重要特点：(1)明确科学教育的目标是培养所有学生的科学素养（美国曾经有过把培养科学家作为科学教育培养目标的历史）；(2)强调要把科学本身的实际做法，即科学探究也作为科学教育的内容；(3)将科学课程的内容按“生命科学、物质科学、地球与空间科学”三个领域加以划分。第一版的《科学启蒙》较好地落实了课程标准的这些理念。

第二版依据的是美国2013年颁布的《新一代科学教育标准（NGSS）》。和1996年课程标准相比，2013年的标准有三个显著变化。(1)将科学探究扩充为“科学与工程实践”，明显强化了运用科学概念解决实际问题能力的培养。(2)强调科学大概念。标准提出了判断大概念的4个原则：①具有学科的意义，具有跨越多个学科领域的广泛的重要性，或者是本学科中组织相关知识的关键概念；②具有解释力，能解释许多现象；③具有生成性，能为理解和探究更多的概念和解决问题提供关键的工具，与社会、家庭相关；④能从幼儿园到高中螺旋上升。(3)强调了学科间的融合，不仅是科学、技术、工程、数学的融合，还有科学、语文、数学的融合。

第二版的《科学启蒙》教材真的是在与时俱进。首先，它在继续强调科学探究的同时，大大强化了工程设计部分，不仅在各领域各章节中增加了运用相关知识解决实际问题的机会，还在“做一名科学家”版块增添了有关工程设计的“聚焦技能”。第二，在强调科学大概念方面，教材不仅在各章节都有科学大概念的明确标示，还在各章结尾之处增加了科学概念和技能的测评。第三，在学科融合方面，教材不仅强化了科学阅读（包括文和图）和科学写作的指导，还强化了数学意识和能力的培养。

《科学启蒙》这套教材还有一个突出的亮点就是它精彩的图片。大量有视觉冲击力的照片和灵动的排版为教材增色不少，让人爱不释手。

它山之石，可以攻玉。中国正在进行着课程改革，也正在努力地缩短与发达国家在教育上的差距，引进国外好的教材不失为一种有效的捷径。不同的群体都可以从《科学启蒙》这套教材中获益。它为教材编写者提供了一个如何将内容与活动结合的范例，它给予科学教师教学活动设计的启迪，它为语文老师提供了如何指导学生科学阅读和科学写作的策略，就连出版社也可以从中获得科学教材排版方面的启示。除此，作为一套学生的科学阅读的材料，它也是一个不错的选择。

只有站在巨人的肩膀上我们才可以实现弯道超车，才可以追赶上发达国家，才可以实现伟大的中国梦！国家如此，科学教育亦然，让我们共同努力！

小学科学课程标准研制组组长、修订组副组长 郝京华
南京师范大学教科院教授

STEM单元

目录

Contents

做一名科学家

科学、工程和技术

读图技能训练

迷你实验记录单

做一名科学家

树蛙会把卵产在树叶上。

AMERICAN MUSEUM OF NATURAL HISTORY

科学技能

看一看，想一想

看到图中这只小青蛙了吗？你认为它是怎样趴在莲叶上的呢？

探究活动

怎样才能让一只青蛙趴在莲叶上？

材料

纸盘

绿色的蜡笔

剪刀

细绳

水盆和水

玩具青蛙

活动步骤

1. **预测** 你觉得把青蛙放在莲叶的哪个位置，它才不会掉进水里？
2. **建立模型** 用蜡笔把纸盘涂成绿色，当作莲叶。
3. △**小心！** 在纸盘的中心戳一个小洞，用15厘米长的细绳穿过洞口，顶端打个结，下方拉紧。
4. 将系着细绳的纸盘放在装好水的水盆中，纸盘上面放一只玩具青蛙。
5. **记录数据** 将你放置玩具青蛙的各个位置画出来。

科学家做什么？

科学家在做研究工作时，要使用许多技能。在上页的探究活动中，你想知道青蛙能趴在莲叶上的原因，于是做了上述探究。同样，科学家探究问题时也会建立模型（make a model）。模型是对生活中真实事物的一种模拟。

科学家还会使用其他技能，这些技能你也可以学习使用。比如，科学家会观察（observe）事物。通过观察一个池塘，他们可以发现许多奇妙的事物。

科学家会观察池塘附近植物的高度、颜色和形状。

科学家通过比较（compare）来辨别两个事物的相似点或不同点。观察本页中这两种生活在池塘边的动物，科学家是怎样比较它们的呢？

将文中描述蜻蜓和翠鸟相同点的词语圈出来。

仔细观察这两种动物你会发现，它们都有翅膀，都生活在池塘附近。当然，它们也有很多不同的地方。科学家会根据事物的属性对事物进行分类（classify），将它们归为不同的群体。昆虫和鸟类就是不同的动物群体。

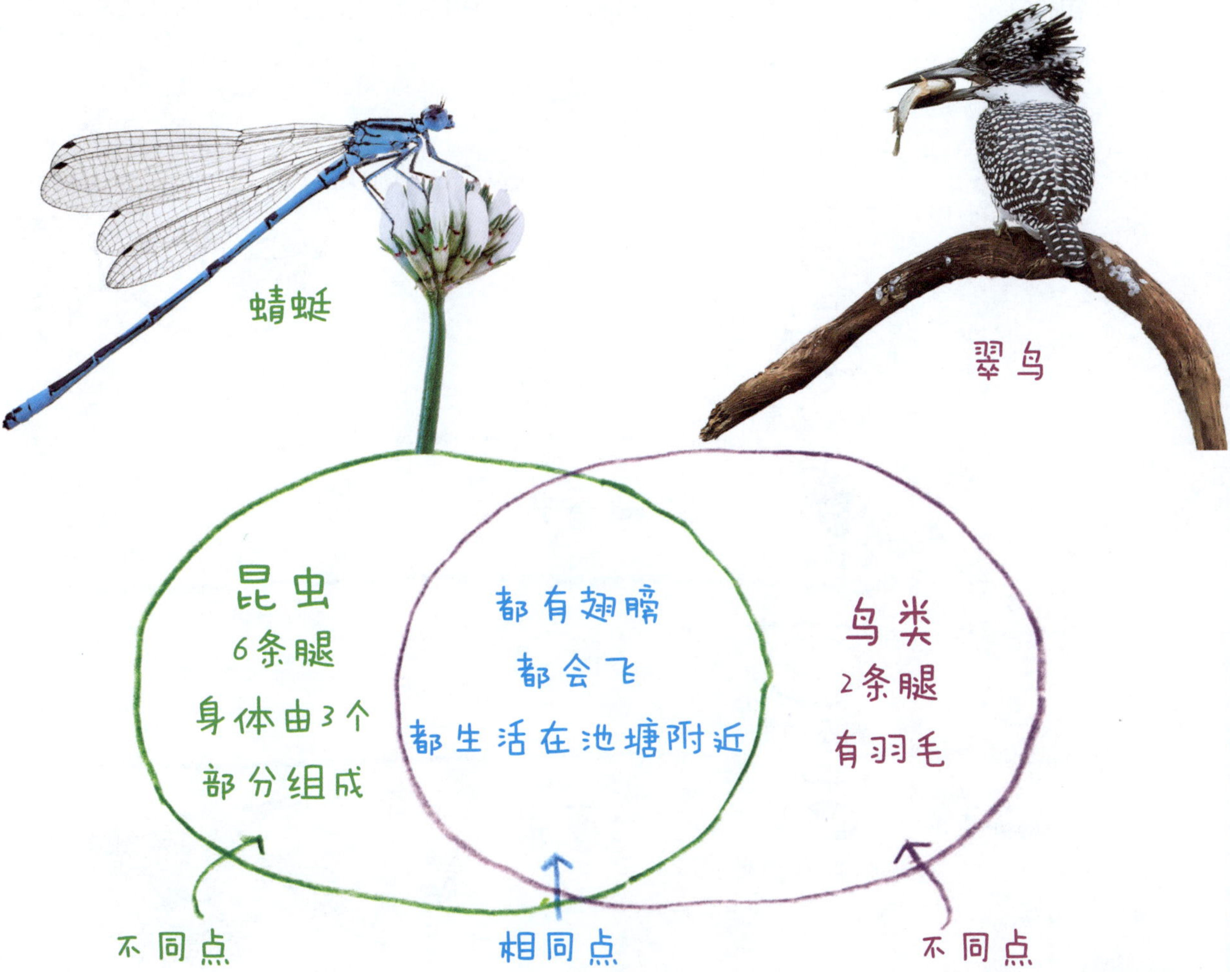

科学家会怎么做？

一起来看一看科学家在池塘附近发现的这些蛋吧！科学家会测量（measure）这些蛋的大小或质量。通过测量，他们就能了解物体的长度、质量和温度。

测量时能得到什么？在相关文字下画线。

科学家通过测量获得的这些事实称为数据。科学家还要将他们观察到的事实记录下来，这叫作记录数据（record data）。

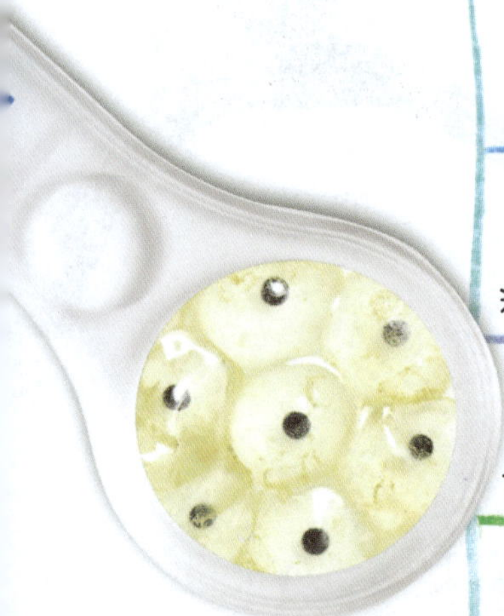

有多长

海龟的蛋	3厘米
青蛙的卵	3毫米
鸭子的蛋	5厘米
知更鸟的蛋	2厘米

科学家在收集完数据之后，还会对这些数据进行排序。排序（put things in order）就是用某种标准将数据进行整理。例如，你可以按照大小将蛋进行排序。哪个蛋是最小的？哪个蛋又是最大的？

科学家使用的另一项技能是推理。推理（infer），就是运用一些已掌握的知识或线索，按照合理的逻辑来解释或判断问题，并得出推论。你能推断出上页的蛋分别属于本页的哪种动物吗？

青蛙

鸭子

海龟

知更鸟

科学家如何研究新事物?

科学家通过调查来研究新事物。开展调查（investigate）前，需要制订一个计划，然后进行试验。

科学家的工作通常从提出问题开始，然后他们会预测这个问题可能会有哪些答案。预测（predict）就是根据已知的知识或信息，猜测接下来会发生什么，具有较大的不确定性。

观察本页蝌蚪和幼蛙的图片，请你预测一下，幼蛙接下来会变成什么样子?

蝌蚪

幼蛙

?

得出结论（draw conclusions）就是根据你所观察到的现象来解释发生了什么情况。科学家根据上述探究，得出这样的结论：蝌蚪一开始生活在水中，长出四条腿后可以爬上陆地生活。

科学家还会与其他人交流他们的想法。交流（communicate）就是将你的想法写下来、画出来或者说出来，并与他人分享。

想一想，说一说，写一写

科学家利用哪些技能来了解他们所研究的事物？

看一看，想一想

看到这只青蛙会游泳，你可能会想，它还会做哪些运动呢？科学家也会提出类似的问题。然后，他们再按照一定的步骤来找出问题的答案。

探究活动

青蛙是怎样运动的?

活动步骤

1. **观察** 仔细观察本页中的图片，思考一下青蛙是怎样运动的。
2. **记录数据** 在表格中列出你观察到的青蛙的不同运动方式。
3. **得出结论** 青蛙在做各种运动时，用到了身体的哪些部位？记录在你的表格中。
4. **交流** 青蛙是怎样运动的？

青蛙能跳多远？

科学家按照一定的步骤来进行调查，这些步骤叫作科学方法（scientific method）。下面是一名同学根据科学家使用的科学方法所做的探究活动。

> 为什么罗拉预测一只青蛙比另一只跳得远？在相关句子下画线。

观察

罗拉运用她所学的科学技能来观察教室里的青蛙。

青蛙的大小会影响它跳跃的距离吗？

提出问题

罗拉提出了一个问题。

做出预测

罗拉预测的答案是“会”。她认为安迪会跳得更远，因为它的腿更长。

安迪

莫莉

制订计划

罗拉制订了一个计划来验证她的想法。她将计划写了下来，这样，其他人也可以按照她的计划来做实验。

我的青蛙跳跃计划

1. 在地上画一条起跳线。
2. 将一只青蛙放在起跳线后面，拍拍手让它跳起来。然后，测量青蛙跳了多远。
3. 选择其他青蛙，重复步骤 2。

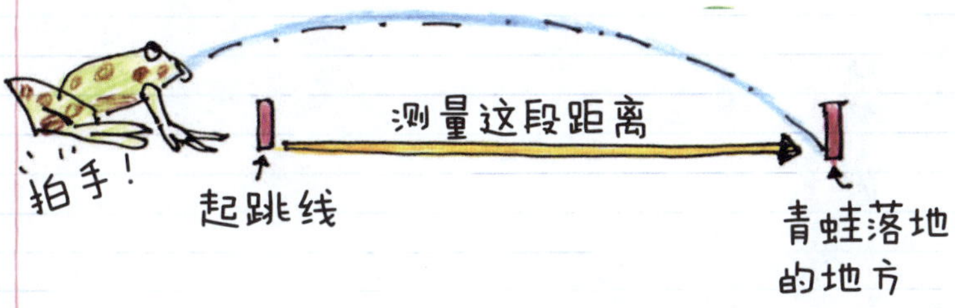

执行计划

罗拉按照她的计划完成了实验。如果这个计划行不通，那么她还需要修改计划。

你发现了什么？

记录结果

罗拉制作了一张图表，这张图表可以用来记录每只青蛙跳跃的距离。

每只青蛙可以跳多远

青蛙	第一跳	第二跳	第三跳
安迪	20厘米		
莫莉	25厘米		

重复实验

罗拉让每只青蛙都跳了三次，这样她可以确保实验测试的结果会更准确。

得出结论

罗拉对实验结果进行解释。

罗拉向同学们解释她的实验结果。这又带来了新的问题和进一步的研究。

将缺少的步骤补充完整。

科学方法

观察
↓
提出问题
↓
______
↓
制订计划
↓
执行计划
↓
记录结果
↓
______
↓
得出结论

你在探究的时候，可以遵循一定的科学方法。

想一想，说一说，写一写

为什么对科学家来说，制订计划很重要？

安全提示

当你看见“△小心”标志的时候，必须遵守下列安全规则。

遇到意外情况，比如实验材料意外打翻时，要立刻报告老师。

使用锋利的工具和玻璃时要小心。

必要时，按照要求戴上护目镜。

每次活动结束后要记得洗手。

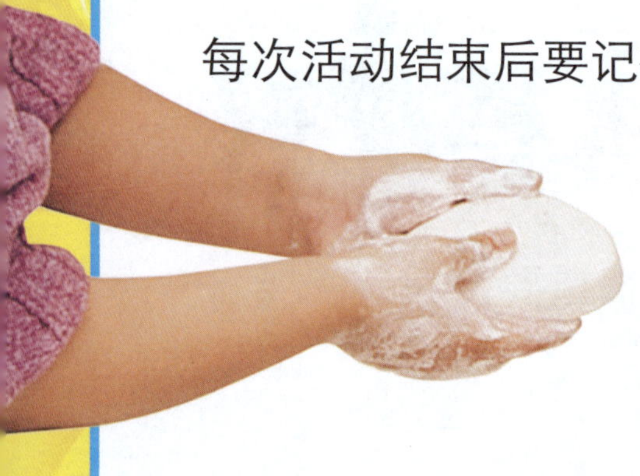

保持活动场所整洁。活动结束后，要将活动场所收拾干净。

科学、工程和技术

这些工具都是用来规划和建造新房子的。

技术与设计

大概念　技术怎样满足我们的需求？

词汇预习

工具　帮助你工作的物品。

头脑风暴　提出尽可能多的想法。

技术　可使人类生活变得更好的所有工具。

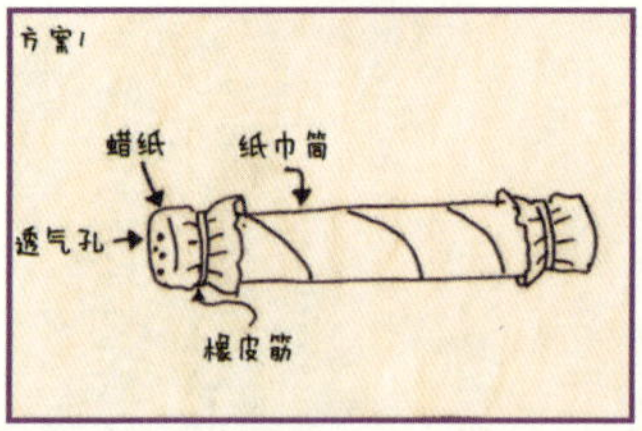

设计　绘制、计划、构建并测试一个想法。

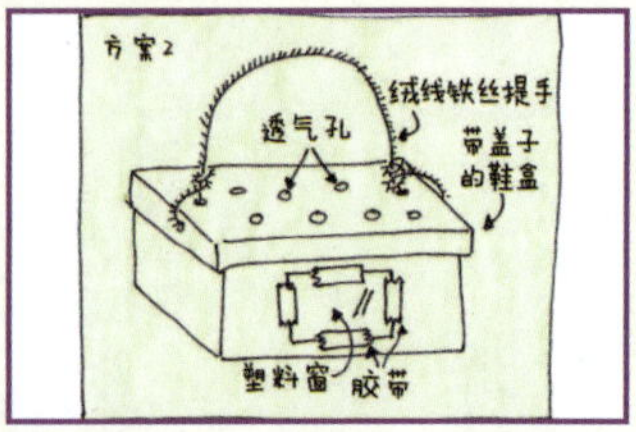

解决方案　解决问题的方法。

模型　为了测试一个产品或想法而制作的样品。

阅读本单元中关于技术与设计的内容，完成下面的表格。

技术与设计		
我们已经知道了什么	我们还想研究什么	我们学到了什么

第1课

我们使用工具

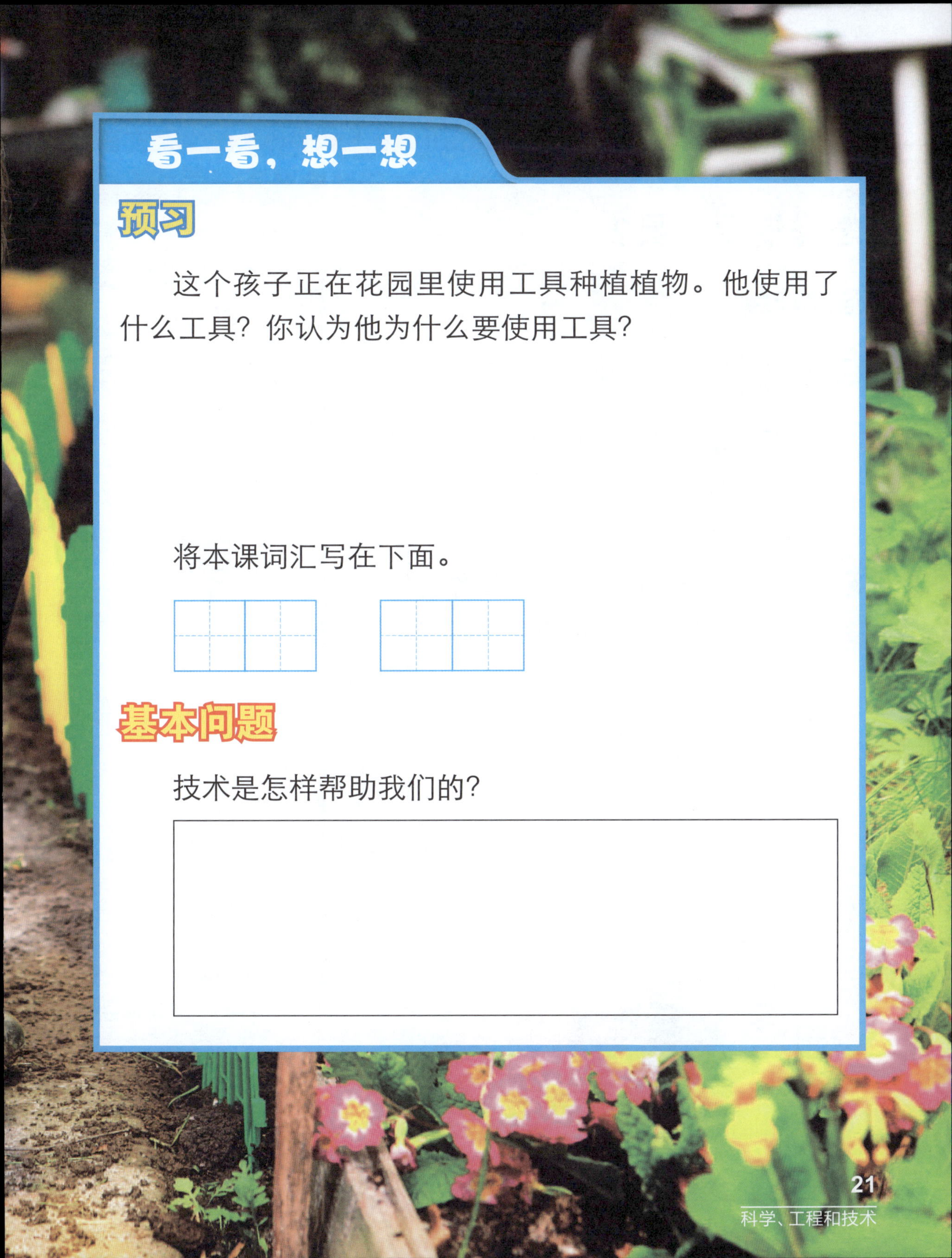

看一看，想一想

预习

这个孩子正在花园里使用工具种植植物。他使用了什么工具？你认为他为什么要使用工具？

将本课词汇写在下面。

基本问题

技术是怎样帮助我们的？

探究活动

怎样使用工具？

活动步骤

1. 取一个纸巾筒，用来当扫帚柄。
2. 取一张纸，将它固定在纸巾筒的末端，用剪刀将纸剪成纸带，作为扫帚的刷毛。
3. **探究** 在教室的一角用你制作的扫帚扫地，并将垃圾用纸盘收集起来。你的工具用起来效果怎样？画一画你和同学制作的扫帚。

材 料

纸巾筒

剪刀

纸盘

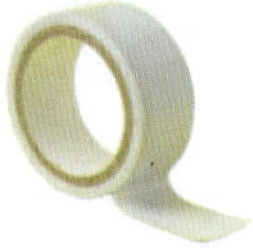
胶带

胶水

纸

进一步探究

4 得出结论 你制作的工具看起来像真的扫帚吗?

开放式探究

想办法改进你制作的扫帚。

我的问题是:

阅读思考

什么是工具？

工具（tools）能帮助我们做事，你每天都在使用工具。一些工具能使你的工作更轻松，例如锤子、剪刀和铲子。

还有一些工具能辅助你学习。例如，你可以用计算机查找信息；也可以用铅笔来写字。

将文中你可以使用的各种工具圈出来。

▲ 你需要一把锤子来制作鸟屋。

你可以用铲子来挖土。▶

小测验

1. 到目前为止，你使用过哪些工具？试着写下来。

你身上也有工具。你的手就是工具，你可以用它抓、拿物品，也可以用它搬动物品。

你的牙齿也是工具。每颗牙齿都有它的分工。门牙用来咬断、撕扯食物；臼齿用来咬碎、咀嚼食物。

▲ 你可以把手作为工具来抓取、握住物品。

小测验

2. 画两个你所使用的工具。

3. 说一说它们是怎样让做事变得更容易的?

你的牙齿是咀嚼食物的工具。▼

什么是技术？

我们使用的所有工具和创意统称为**技术（technology）**。技术能使我们的生活变得更美好：能帮助我们交流和学习。

新想法和新工具让工作变得更容易。技术会随着时间的推移而不断改变。工具的改进能使工作更高效。

迷你实验

请翻至第56页“迷你实验”，学习更多关于工具和技术的知识。

参照第58页半页式 学习指南，把你做的粘贴在这里。

更多读图练习，请翻至第52页。

以前的工具和现在的工具

读图

图中的工具有什么不同？

____

____

技术依赖于科学。人们运用科学知识来制造各种工具。比如电话机，它能让我们远距离地交流。

科学同样也依赖于技术。有了工具之后，人们就能了解更多的科学知识。科学家也需要工具进行实验和探究，比如，借助望远镜，科学家就能了解更多关于太空的知识。

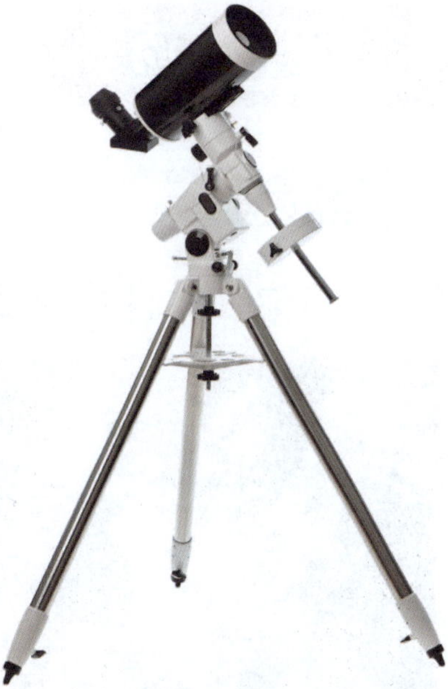

▲ 望远镜让我们看到遥远太空中的物体。

▲ 计算机可以帮助我们学习。

电话让我们能够和远在他乡的人交谈。▼

小测验

4. 技术依赖于科学，因此人们可以____。

第1课回顾

巩固提高

将你在本课中学到的知识写下来。

工具

技术

想一想，说一说，写一写

1 词汇 什么是工具？

2 顺序 从拿起一个苹果到咬一口苹果，将你使用的所有工具按顺序列出来。

首先

然后

最后

3 电话是怎样改善我们的交流方式的？

基本问题 技术是怎样帮助我们的？

透视工具

你能看到你的身体内部吗？你不能，但机器能。机器可以拍摄特殊的照片，这些照片叫做X光片。

▲ X光能穿透皮肤和肌肉，但不能穿透骨骼。因此，人体的骨骼可以显现在X光片上。

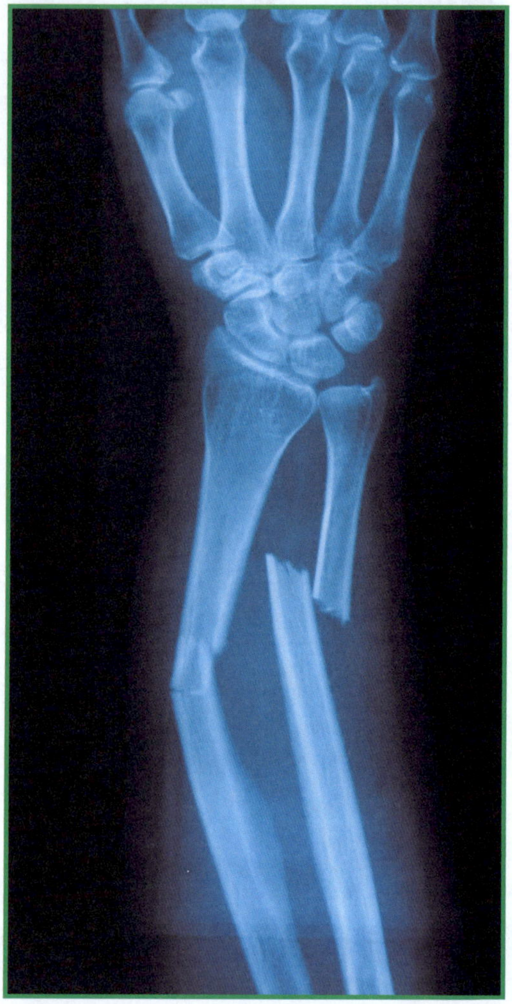

▲ 这是一只手臂的X光片，可以看出手臂上有一处骨折。

牙医使用X光片。他们通过X光片了解牙齿的生长情况或寻找蛀牙。

医生通过查看X光片，了解病人体内有什么问题，然后再进行治疗。

这位女士正在拍摄牙齿的X光片。▶

总结 将上面两段文字的主要意思列在下面的图表中，然后总结这篇文章。

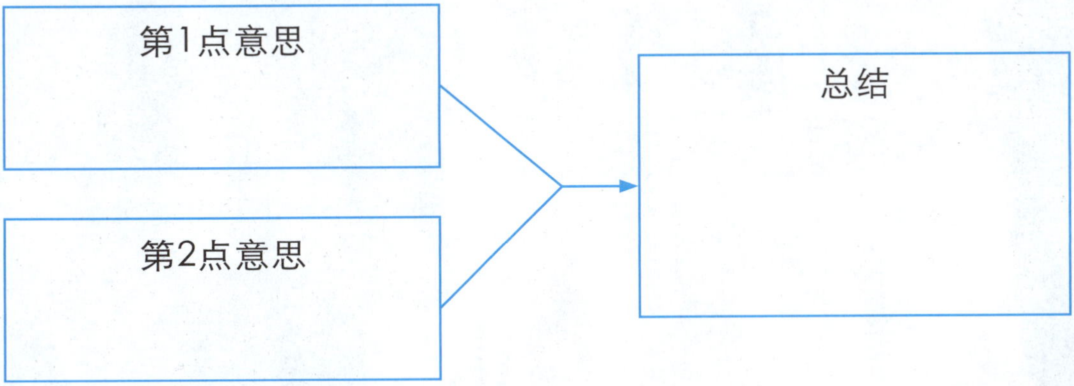

第2课

设计过程

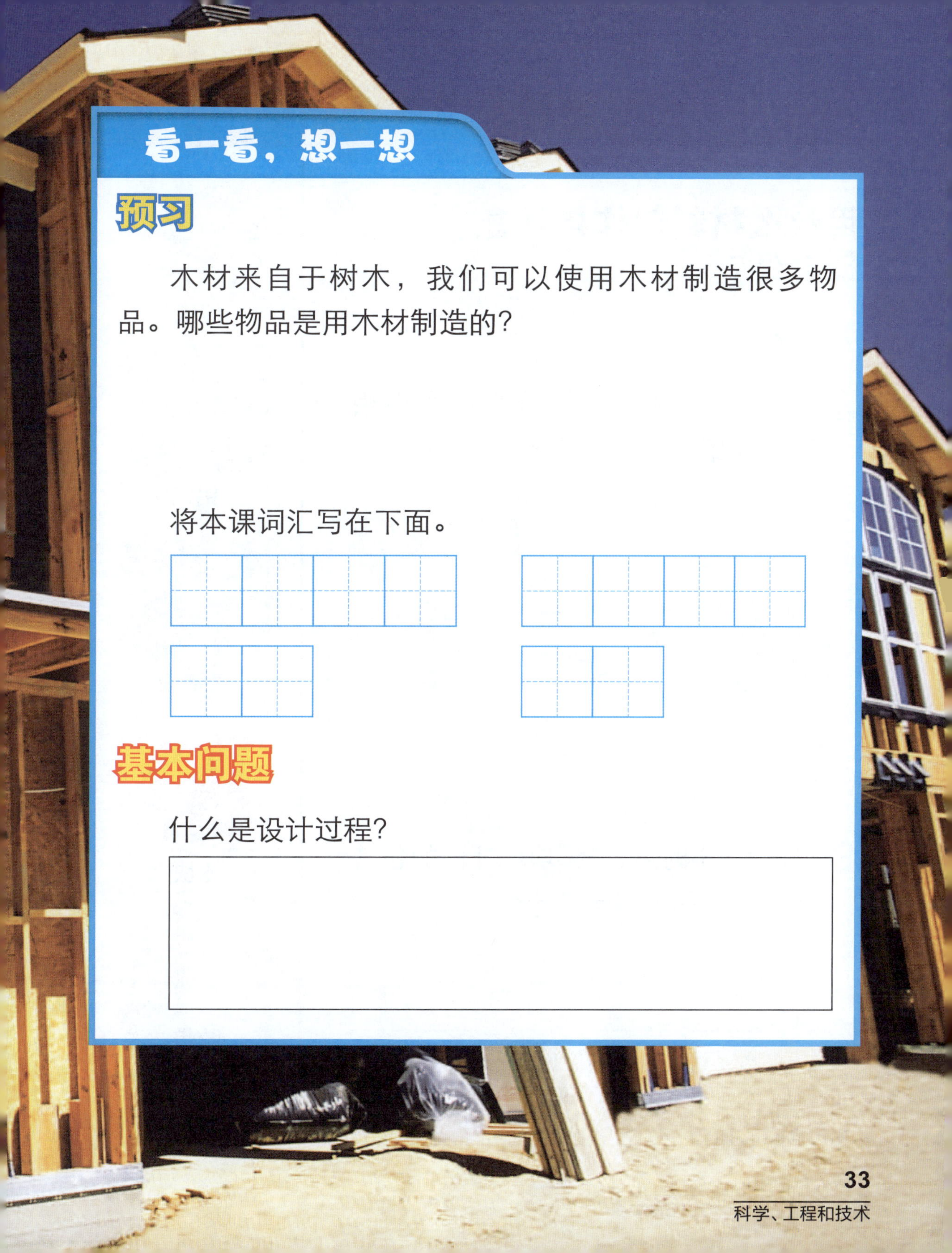

看一看，想一想

预习

木材来自于树木，我们可以使用木材制造很多物品。哪些物品是用木材制造的？

将本课词汇写在下面。

基本问题

什么是设计过程？

探究活动

用什么材料制作果汁盒最合适？

材料

报纸

铝箔

气泡膜

冰块

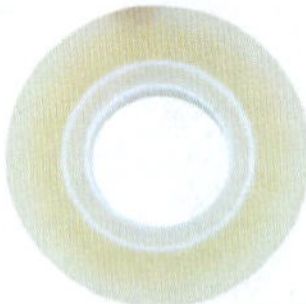

胶带

活动步骤

1. 将3块大小相同的冰分别用大小相同的报纸、铝箔、气泡膜包好。

2. **观察** 1小时后，将3块冰外面的包装都撕去。你观察到了什么？

____

____

____

____

3 交流 描述每块冰的情况。哪块冰融化得最多？哪块冰融化得最少？

进一步探究

4 得出结论 上述哪种材料对于果汁的保温效果最好？为什么？

开放式探究

调查哪种材料对于液体的保温效果最好。

我的问题是：

阅读思考

怎样设计一个解决方案？

设计一个解决方案具体有哪些步骤？请在文中圈出来。

艾比遇到了一件麻烦事。她的小仓鼠生病了，需要带它去看宠物医生，但她不知道怎样把它带过去。

艾比需要设计一个**解决方案（solution）**或找到一种方法来处理这个问题。**设计（design）**是指绘制、计划、构建并测试一个想法。科学家通常按照特定的步骤来为某个问题或需求设计解决方案。

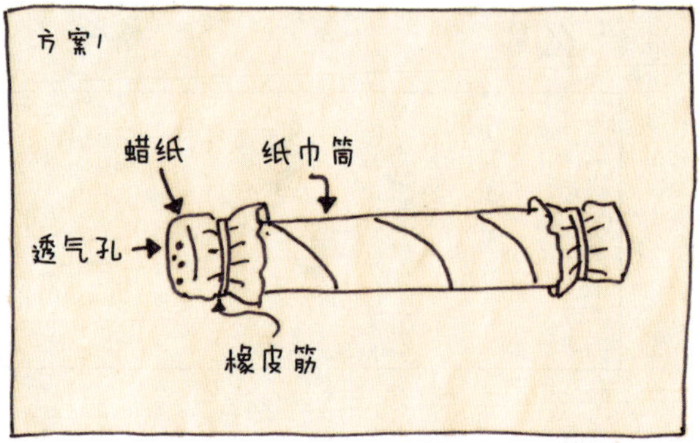

小测验

填空。

1. 艾比需要找到一种方法或者设计一个________来处理她的问题。

艾比头脑风暴了多种不同的仓鼠手提箱方案。**头脑风暴（brainstorm）**是指提出尽可能多的想法，而这些想法可能是问题的解决方案。

艾比将她的想法画了下来，包括实现每个想法要用到的各种材料。

读 图

这两种解决方案有哪些相同点？

____

____

____

____

更多读图练习，请翻至第53页。

头脑风暴的解决方案

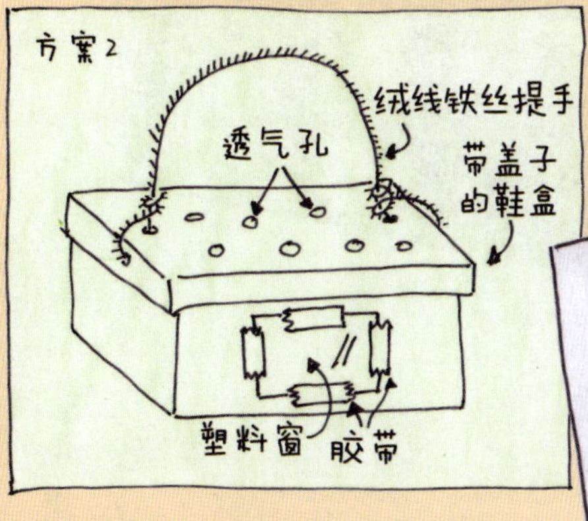

为什么测试模型很重要?

艾比选择了改装鞋盒的方案。她根据画好的方案制作了一个模型。模型（model）是为了测试一个产品或想法而制作的样品。

接下来，艾比需要进行测试。就像科学家一样，艾比测试了她的模型，以确保这种方案能解决她的问题。

小测验

请将正确的答案圈出来。

2. ________是为了展示一个想法而被制作出来的。

材料　　　地图　　　模型

通过测试模型，艾比发现她需要做一些调整。她将提手的固定位置从盖子移到了箱体上。

艾比又测试了一次改进后的模型。最后，她成功地设计出了一个可以将仓鼠带到宠物医生那里去的方案。

迷你实验

请翻至第57页“迷你实验”，学习更多关于头脑风暴的知识。

小测验

3. 为什么测试想法很重要？

第2课回顾

巩固提高

将你在本课中学到的知识写下来。

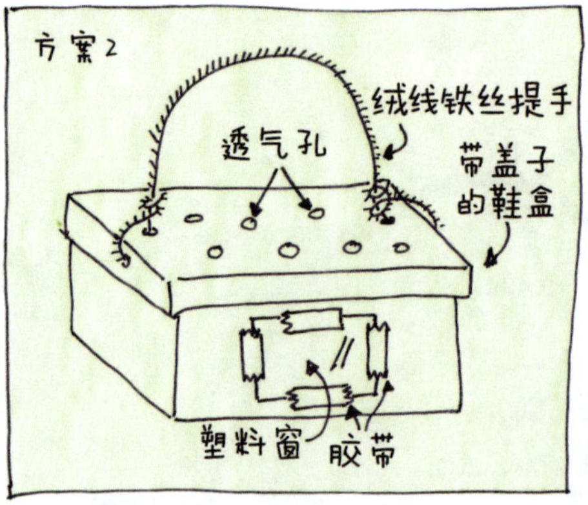

设计解决方案

制作和测试模型

想一想，说一说，写一写

1 词汇 什么是模型？

2 顺序 将制作一个新玩具所需要的步骤写下来。

第一步

最后一步

3 艾比是如何找到最佳方案，将仓鼠带到宠物医生那里去的？

基本问题 什么是设计过程？

聚焦技能

科学和技术：设计过程

生活中你遇到过困难吗？你是怎样解决的？科学家运用设计过程（design process）来解决问题。

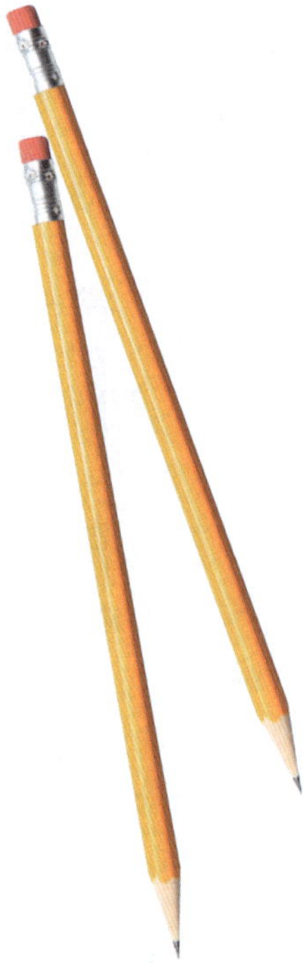

▶学习

设计过程的第一步是明确一个问题，然后是制定一个解决方案。解决方案就是解决问题的一种方法。你可以从朋友、老师或书本那里获得灵感，然后设计解决方案。设计就是绘制、计划、构建及验证一个想法。

你是否曾因找不到学习用品而苦恼？你可以设计一个方案来管理你的铅笔、蜡笔和其他学习用品。

▶尝试

迈克设计了一个盒子来存放他所有的学习用品。盒子里设计了专门的位置，分别放置铅笔、蜡笔、胶水和橡皮。

现在请你设计一个存放学习用品的盒子，简要描述你的想法，并和老师分享。根据你的设计，收集所需要的材料。制作你的“小发明”，验证你的设计。

1 和迈克的设计相比，你的设计怎么样？

2 你的设计解决你的问题了吗？

3 该怎样改进你的设计，使它变得更好？

看图总结

看图，将你在每课中所学到的知识写下来。

第1课

第2课

词　汇

DOK 1

选择词语完成句子，每个词语使用一次。

头脑风暴
设计
模型
解决方案
技术
工具

1. ______是解决问题的方法。

2. 为了展示一个想法而被制作出来的物品是______。

3. ______是指绘制、计划、构建并测试一个想法。

4. 所有我们用来使生活变得更便捷的工具和想法叫作______。

5. 提出尽可能多的想法就是______。

6. 帮助我们工作的物品或身体的某个部分被称为______。

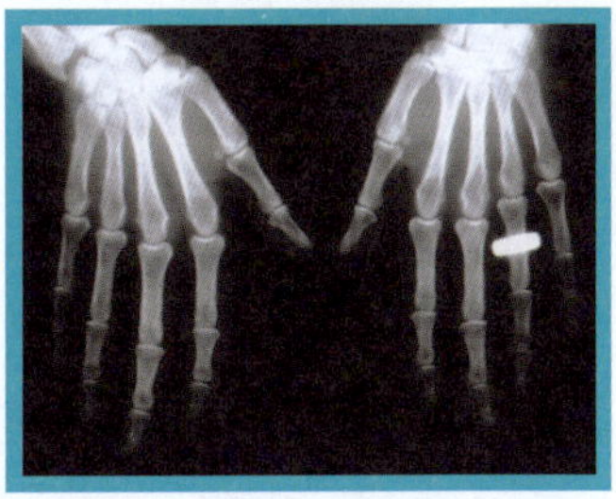

---

*DOK（depth of knowledge）：知识深度等级。

STEM回顾

科学技能和科学概念

DOK 2

回答下列问题。

7. **得出结论** 观察右图，为什么这个仓鼠手提箱方案不可行？

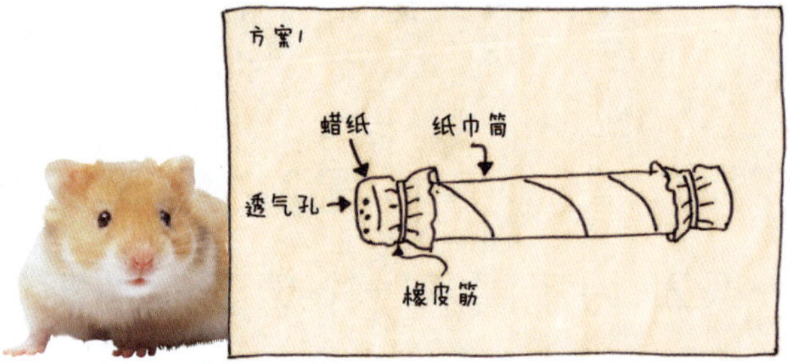

8. **问题和解决方案** 按如下流程设计一个可以做家务的工具。

问题

设计解决方案的步骤

解决方案

9. 你会怎样测试一种新型玩具卡车的承重能力？

大概念

10. 技术怎样满足我们的需求？

制作 学习指南

制作一本两门式的学习指南，制作方法如下图所示。在每栏的顶部分别贴上已经学习的两课的名称标签。

1. 在一张纸上绘制一个两列的图表。在第1列写出3种工具，在第2列写出每种工具能解决的问题。将这个图表粘在第1课的名称标签下的相应位置。
2. 使用索引卡，将设计过程中的步骤标记并画下来。将这些索引卡粘在第2课的名称标签下的相应位置。

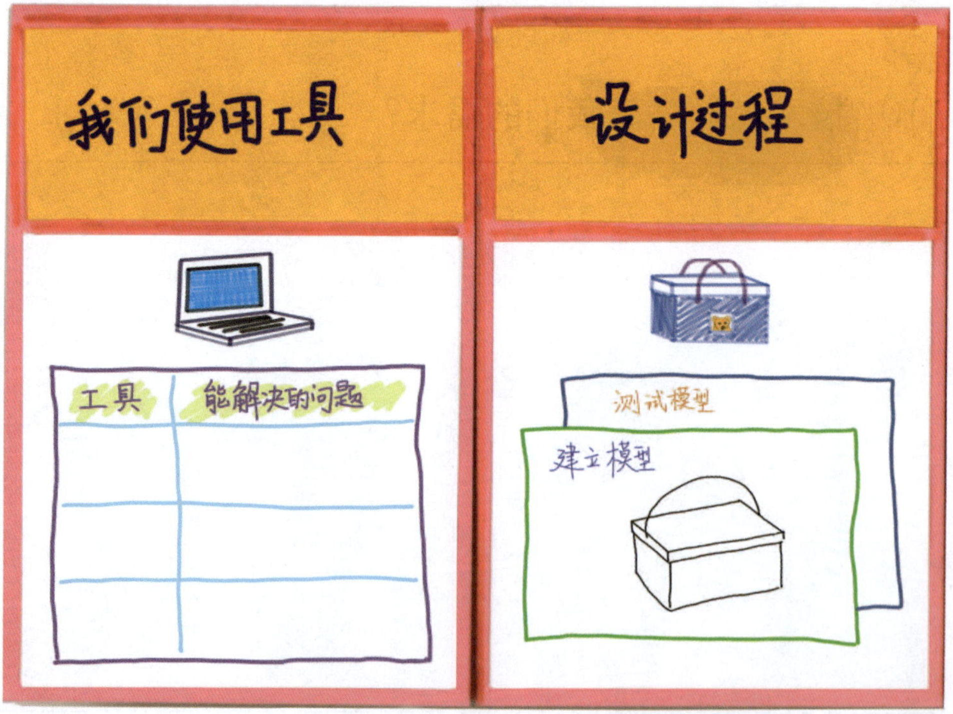

测试

请将正确的答案圈出来。

1. 下列哪组工具能帮你拿取物品和咀嚼食物?

A. 手和牙齿　　B. 手和脚

C. 膝盖和牙齿　　D. 腿和牙齿

DOK 1

2. 图中的女孩正在制作一个工具，用它把球取出来。下面哪一个选项的顺序是正确的?

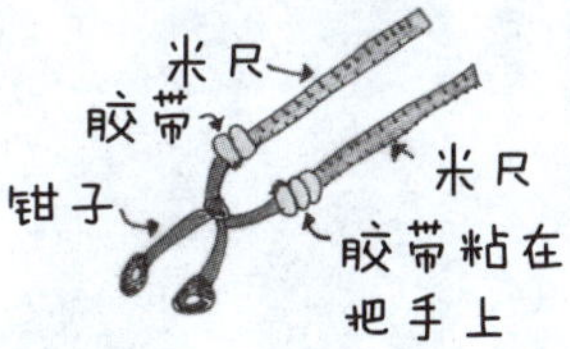

①

②

③

④

A. ②④①③　　B. ③①④②

C. ④①③②　　D. ①③②④

DOK 2

3. 观察右侧图片，你认为这项技术是怎样帮助人类的?

A. 提供食物

B. 提供信息

C. 提供照明

D. 帮助人类相互沟通

DOK 1

碰撞测试员

如果你对汽车和汽车安全感兴趣，那么你可以成为一名碰撞测试员。碰撞测试员通过车辆碰撞来了解怎样使汽车变得更加安全。

碰撞测试员研究假人或大型人偶在车辆碰撞中发生的情况。根据测试效果，他们决定该怎样改进车辆，使其更安全。例如，他们研究安全气囊和安全带，从而更好地保护人们的生命安全。

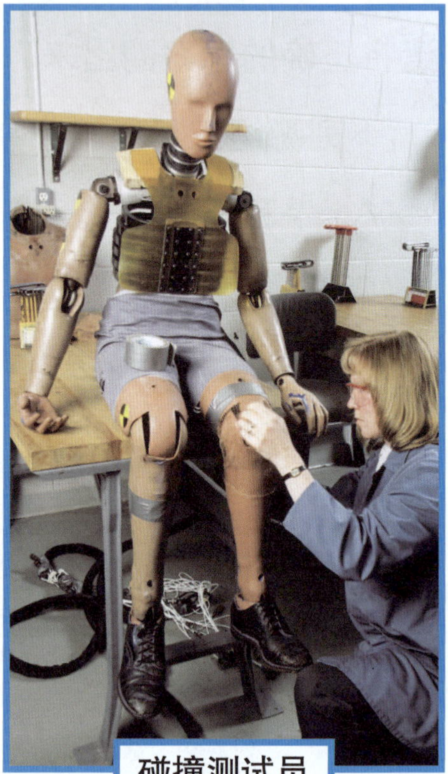

碰撞测试员

为什么碰撞测试员要进行车辆碰撞测试，以使汽车变得更加安全？

读图技能训练

为什么工具会改变?

下列照片展示了两种不同的工具。

以前的工具和现在的工具

请回答下列问题。

1. 图中的工具有哪些相同点?

2. 右图所示的工具是怎样让我们的生活更加便捷的?

怎样进行头脑风暴

下面两幅图是仓鼠手提箱的两种设计方案。

头脑风暴的解决方案

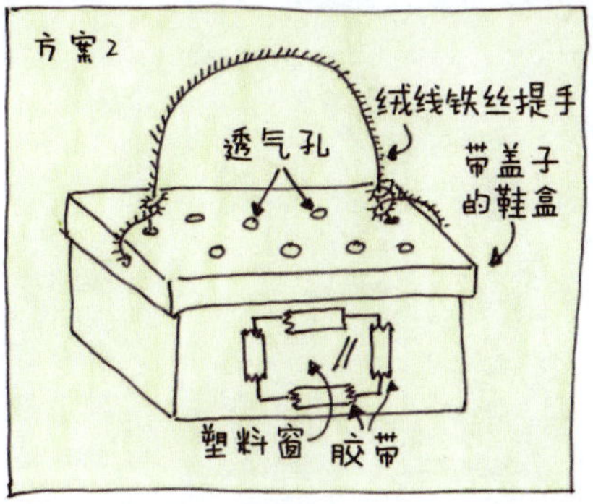

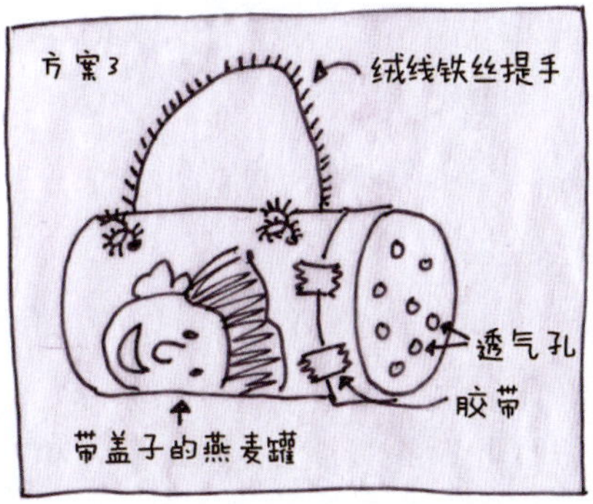

请回答下列问题。

1. 这两种解决方案有什么不同？

2. 你怎样知道哪种解决方案是可行的？

迷你实验记录单

迷你实验

工具与技术

材 料

- 杂志
- 画图纸
- 剪刀
- 胶水
- 记号笔

1. 浏览杂志，剪下不同工具的图片和不同技术的图片。
2. 将图片粘在画图纸上做成拼贴画。
3. **交流** 你找到了哪些技术？你选的这些技术是怎样让我们的生活更便捷的？

完美的桌子

材　料

- 铅笔
- 蜡笔

① 你心中完美的桌子是什么样的？头脑风暴设计方案。你怎样存放日常用品？桌子是搭配椅子还是其他物品？你将用到哪些技术？

② **记录数据**　在下面的方框中画出你心中完美的桌子，并标上各部件及需要用到的技术。

③ **比较**　向同学展示你的设计方案。比一比，你们的方案有哪些相同点。

学习指南

你可以用白纸、坐标纸或者其他可书写的纸来做学习指南，具体的制作方法如下所示。

① 半页式

制作方法：

1. 折出一个粘贴区。
2. 沿虚线将粘贴区粘到书中的指定位置。

② 单标签式

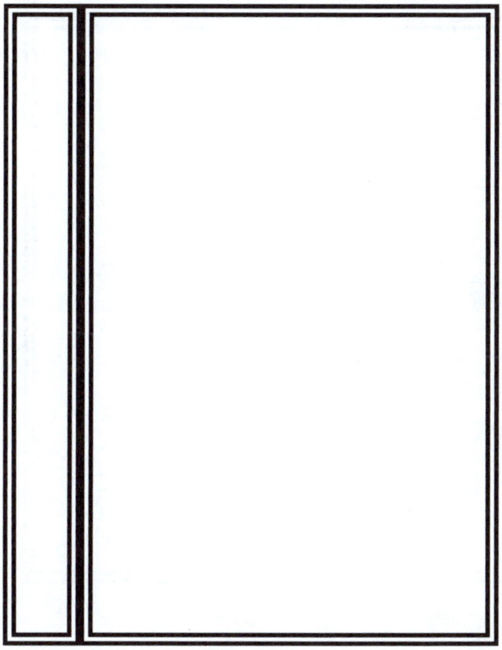

制作方法：

1. 折出一个粘贴区。
2. 沿虚线将粘贴区粘到书中的指定位置。

3 双标签式

制作方法：

1. 折出一个粘贴区。
2. 沿虚线将粘贴区粘到书中的指定位置。
3. 沿中间线将这张纸剪成两个标签。

④ 纵向三标签式

制作方法：

1. 折出一个粘贴区。
2. 沿虚线将粘贴区粘到书中的指定位置。
3. 沿中间线将这张纸剪成三个标签。

学习指南

5 横向三标签式

制作方法：

1. 折出一个粘贴区。
2. 沿虚线将粘贴区粘到书中的指定位置。
3. 沿中间线将这张纸剪成三个标签。

6 四门式

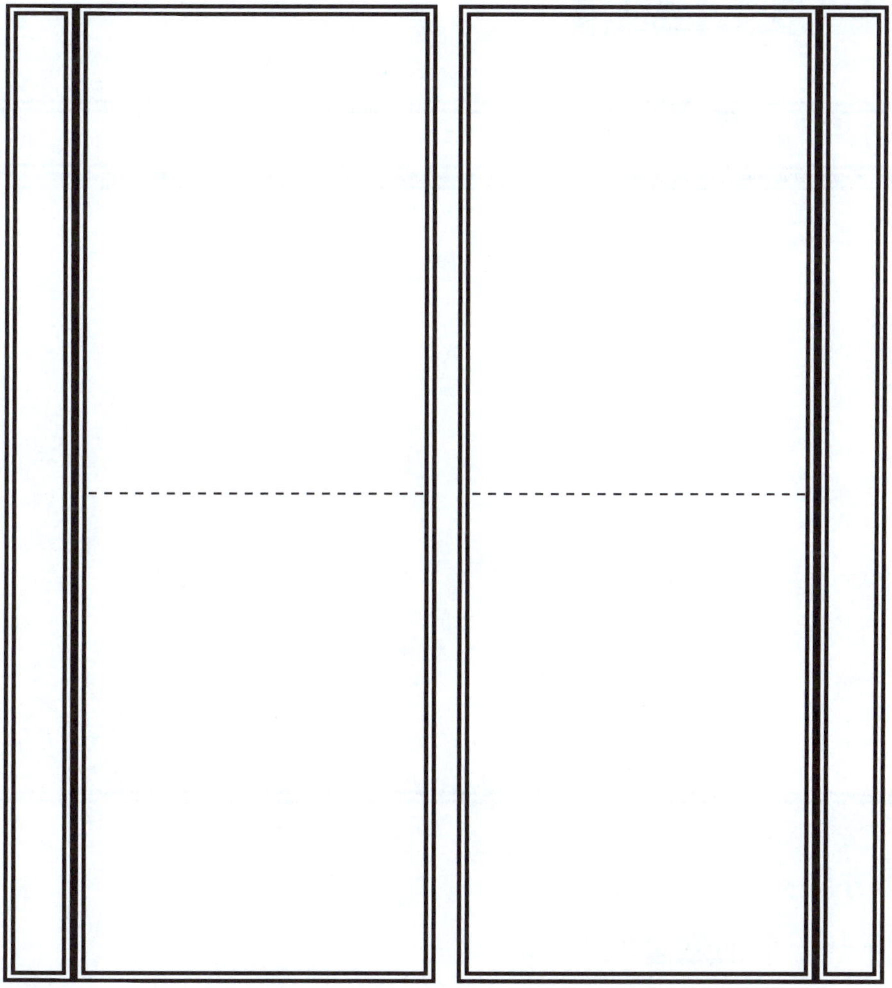

制作方法：

1. 折出两个粘贴区。
2. 沿虚线将靠左的粘贴区粘到书中的指定位置。
3. 将靠右的粘贴区粘到书上。
4. 沿中间线将这张纸剪成两个标签。

7 三标签式韦恩图

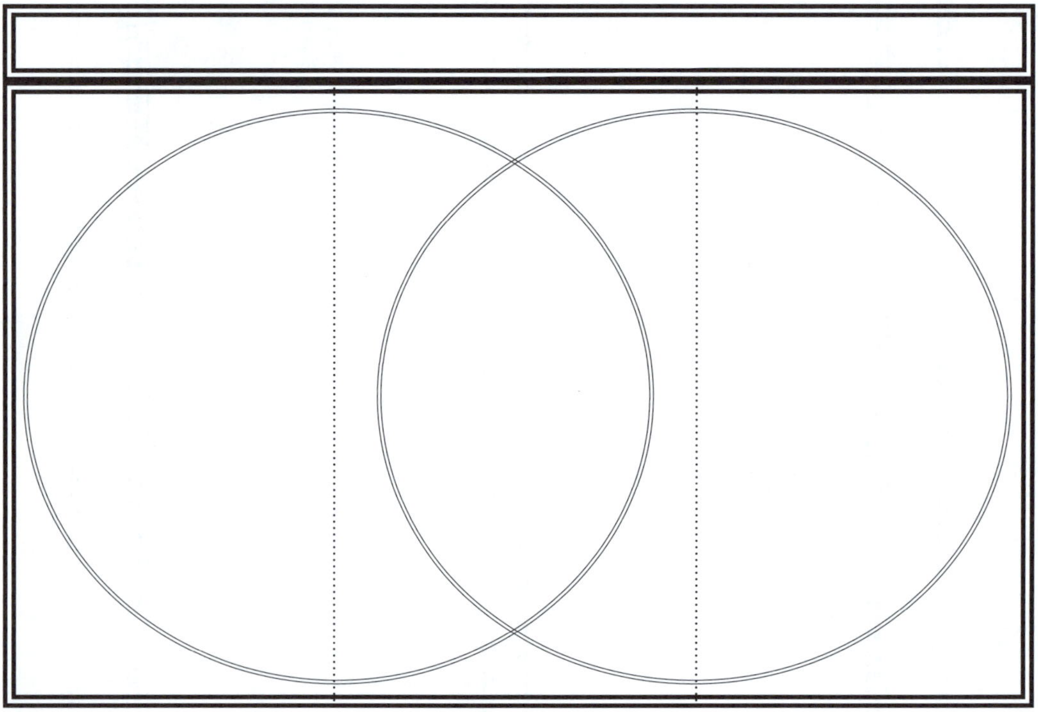

制作方法：

1. 折出一个粘贴区。
2. 沿虚线将粘贴区粘到书中的指定位置。
3. 沿中间线将这张纸剪成三个标签。

8 纵向四标签式

制作方法：

1. 折出一个粘贴区。
2. 沿虚线将粘贴区粘到书中的指定位置。
3. 沿中间线将这张纸剪成四个标签。

9 横向四标签式

制作方法：

1. 折出一个粘贴区。
2. 沿虚线将粘贴区粘到书中的指定位置。
3. 沿中间线将这张纸剪成四个标签。

⑩ 百叶窗式

制作方法：

1. 折出两个粘贴区。
2. 沿虚线将靠左的粘贴区粘到书中的指定位置。
3. 将靠右的粘贴区粘到书上。

学习指南

折叠式学习指南

折叠式学习指南的制作方法如下所示。

对折簿

1. 把一张纸对折。
2. 可以竖着折叠这张纸。
3. 也可以横着折叠这张纸。

折叠簿

1. 做成对折簿。
2. 再次对折，把信息写在靠外的两页和中间的两页上。

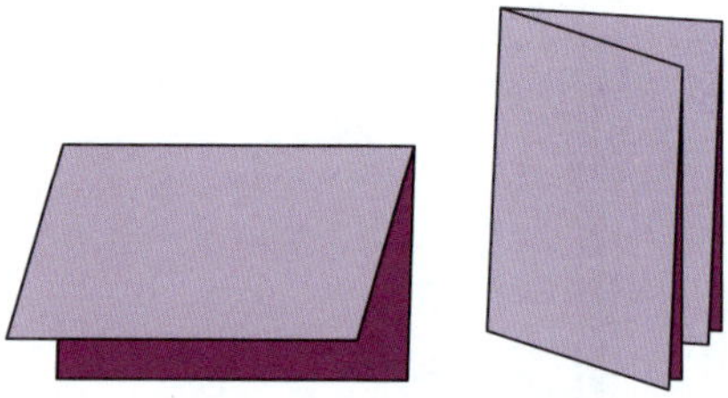

口袋簿

1. 将一张纸横向对折。
2. 展开这张折叠过的纸，沿长边向内折5厘米形成一个口袋。再按步骤1把纸折回去，确保刚折出的口袋在里面。
3. 用少量的胶水把5厘米宽的折叠部分的外缘粘起来。

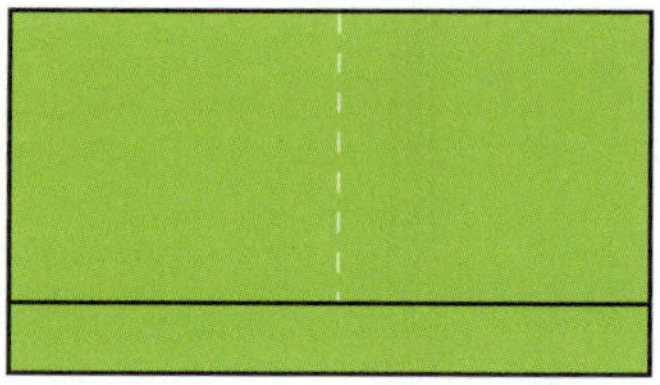

百叶窗折页

1. 横向对折一张纸，但不要使纸有折痕。捏它一下，以标记中点。
2. 折叠这张纸的两边，使它们在你捏过的地方或在中点相接，这样就形成了百叶窗折页。

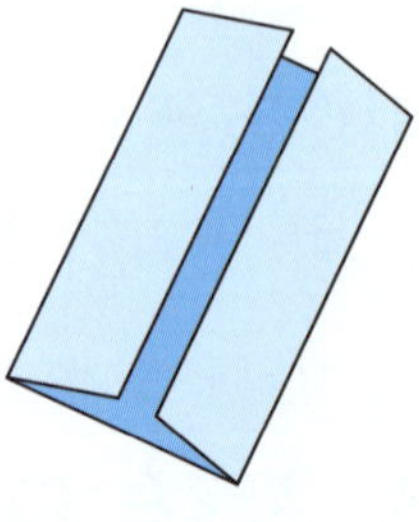

三折簿

1. 把一张纸折叠成均匀的三份。
2. 直接使用或者剪成需要的形状。

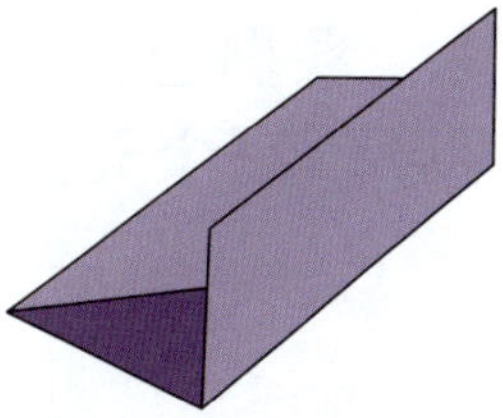

三栏簿

1. 把纸沿着短边对折。
2. 放平后，再把它折成均匀的三份。
3. 打开纸，沿着短折痕把半张纸剪成三份。

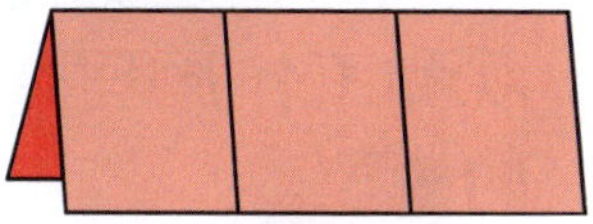

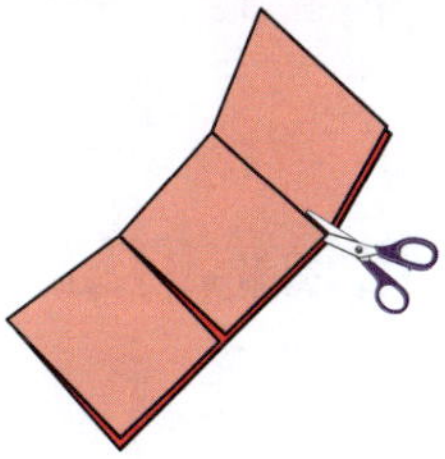

叠层簿

1. 把两张纸叠在一起，使后一张比前一张高2.5厘米。
2. 确保两张纸要左右对齐。将两张纸的底部向上折起，使前一张比后一张低2.5厘米。
3. 打开两张纸，用胶水把折痕粘起来，或者用订书机把折痕订起来。

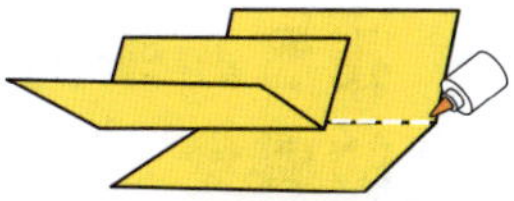

折叠式表格

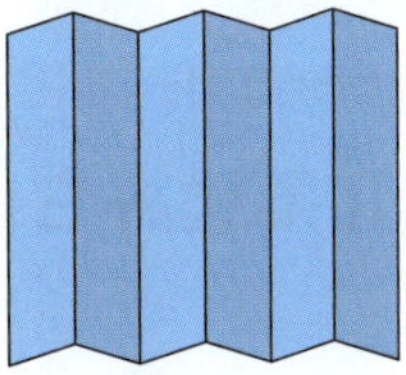

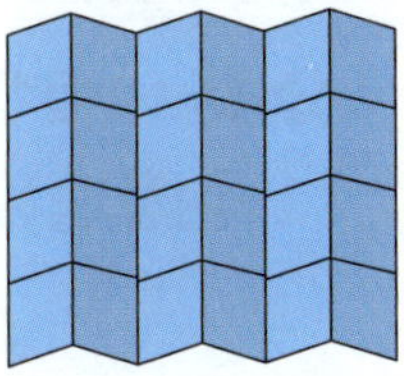

1. 根据表格所需的列数折出列。
2. 根据表格所需的行数折出行。
3. 在行和列处写上内容。

技能表

预测　根据已知信息猜测将会发生什么。**你可以预测今天天气怎么样。**

建立模型　制作一个物品来展示实物的外观和工作原理。**你可以制作一个海底山脉的模型。**

记录数据　把观察到的结果写下来。**你可以记录你们班午餐都吃了什么。**

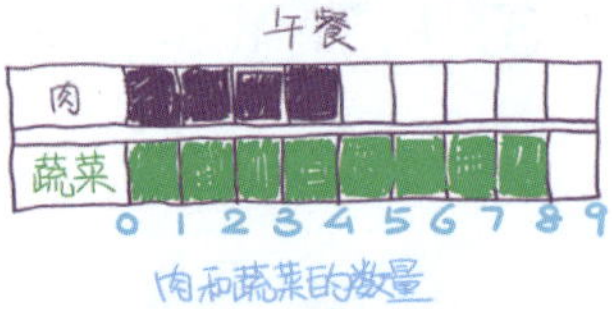

观察　看、听、尝、摸或闻。**你可以观察花看起来的形状，闻起来的味道，摸上去的感觉。**

比较　观察事物的相同点和不同点。**你可以比较猫和狗的相同点和不同点。**

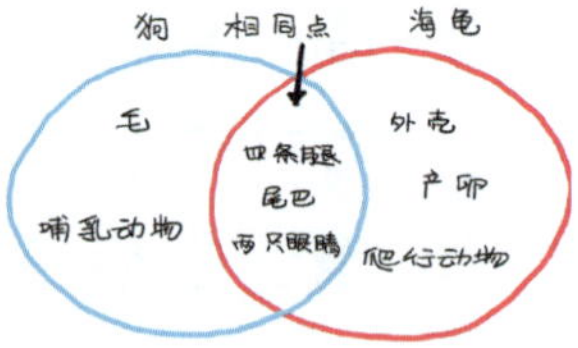

分类　根据事物的相同点进行分组。**你可以根据动物有几条腿将它们分类。**

测量 了解某物品移动了多远，有多长，有多少，有多热。**你可以用温度计测量温度。**

排序 说明先发生了什么，然后发生了什么，最后发生了什么。**你可以通过排序来展示植物的生命周期。**

推测 利用已有的知识来理解事物。**通过这些脚印，你可以推测是什么动物经过这里。**

探究 制订计划并进行测试。**你可以探究机器人需要多长时间才能停止行走。**

得出结论 根据观察到的信息来解释将会发生什么。**你可以得出为什么小棍会形成阴影的结论。**

交流 将你的想法写出来，画出来，说出来。**你可以和同伴交流改变一块黏土形状的方法。**

改变黏土形状
1. 我揉黏土
2. 我捏黏土
3. 我挤压黏土
4. 我戳黏土

《科学启蒙（第二版）》版权声明

科学启蒙（第二版）STEM ②

McGraw-Hill Education
Science A Closer Look
Grade 2, Science, Engineering, And Technology: Consumable Student Edition
ISBN-10: 0021438129

浙江省版权局著作权合同登记号：11–2018–537

图书在版编目（CIP）数据

科学启蒙：第二版. STEM. ②／（美）杰伊·哈克特（Jay K. Hackett）著；STEM未来计划编写组译. -- 杭州：浙江教育出版社，2019.12（2022.9重印）
ISBN 978-7-5536-6116-2

Ⅰ. ①科… Ⅱ. ①杰… ②S… Ⅲ. ①科学知识－少年读物 Ⅳ. ①Z228.1

中国版本图书馆CIP数据核字(2019)第268320号

科学启蒙（第二版）
KEXUE QIMENG DIERBAN
STEM②
STEM②

出版发行 浙江教育出版社（杭州市天目山路40号 电话：0571-85170300-80928）
原 著 名 SCIENCE A CLOSER LOOK GRADE 2, SCIENCE, ENGINEERING, AND TECHNOLOGY: CONSUMABLE STUDENT EDITION
本册翻译 STEM未来计划编写组
图片来源 海洛创意
责任编辑 王 强
封面设计 韩 波
责任校对 王荟捷
责任印务 沈久凌

图文制作 杭州兴邦电子印务有限公司
印 刷 杭州富春印务有限公司
开 本 787mm×960mm 1/16
印 张 5.25
字 数 105 000
版 次 2019年12月第1版
印 次 2022年9月第4次印刷
标准书号 ISBN 978-7-5536-6116-2
定 价 21.00元